EDICT DV ROY

PORTANT CREATION d'vne Generalité & Bureau des Finances en la Ville d'Allançon : Auec pareil nombre d'Officiers qu'és autres Bureaux de ce Royaume.

Verifié en la Cour de Parlement, Chambre des Comptes, & Cour des Aydes de Rouen, les 14. 16. & 18 iour de Mars 1637.

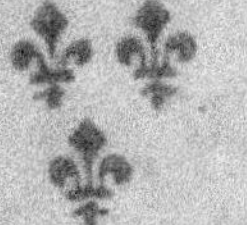

A PARIS,

Par Guillaume Citerne Imprimeur & Libraire ordinaire de sa Majesté, Et en sa Varenne du Louure.

M.DC.XXXVII.

Auec Priuilege de sa Majesté.

Rue d'Aras proche la Porte S. Victor.

LOVYS par la grace de Dieu, Roy de France & de Nauarre ; A tous pre-sens & à venir, salut. Cha-cun sçait que nous auons esté contrainéts cy deuant de supporter des despences extraordinaires pour l'en-tretenement de plusieurs Armées que nous auons mises sus pour empescher la rebellion de nos Sujeéts, & proteger nos Alliez ; Et qu'à present nous sommes contrainéts de leuer & faire subsister plusieurs autres Armées contre nos Ennemis : Pour subuenir à la des-pence desquelles ne voulans charger nostre peuple de nouuelles impositions; Au contraire nostre plus sensible des-plaisir estant de voir les affaires au point de ne pouuoir encor donner presente-ment à tous nos Sujeéts le soulagement

duquel nous esperons par la grace de
Dieu les faire bien tost iouyr ; Nous ay-
mons mieux recourir aux moyens extraordinaires à nous proposez, & qui ne
donnent aucune foulle à nostre peuple ;
Entre lesquels nous n'en auons point
trouué vn plus expedient au bien de nos
affaires, Au soulagement de nos finances, A la conseruation de nostre Domaine , & plus conforme au bien commun
des Habitans de nostre Duché d'Alançon , & lieux circonuoisins, que l'establissement d'vn Bureau de nos finances
en nostre ville d'Alançon. Nous ayant
aussi esté representé que les feuz Roys
Henry troisiesme & Henry le Grand nostre tres honoré seigneur & pere, & nous,
Aurions souuentes fois receu diuerses
plainctes de ce que ladite ville estant ri-
che, populeuse ; & ayant eu l'honneur
d'auoir esté dés long temps l'Apannage
de l'vn des Enfans de France; En laquel-

le pour ceste consideration souloit estre
l'Eschicquier souuerain du pays qui fut
supprimé & vny à nostre Parlement de
Rouen par le deceds de François Duc
d'Alençon en l'an mil cinq cens quatre
vingt quatre seulement ; Il seroit en
quelque sorte esloigné de iustice que
ladite ville ayant esté despoüillée de
cette marque d'honneur & dignité,
& frustrée de l'auantage que la scean-
ce dudit Echicquier luy apportoit,
elle n'en fut pas recompencée par
quelque autre establissement qui luy
rende ceste perte plus supportable. Aussi
que ladite ville estant esloignée de trente lieuës de nostre ville de Roüen nos finances ny peuuent estre voiturées qu'a-
uec beaucoup de risques & de fraiz, d'où
seroient aduenus plusieurs vols des deniers de nos Tailles & Gabelles. Et con-
siderant encor que nos Domaines d'A-
lançon, & des autres Vicomtez & Esle-

ctions cy apres declarées ayant esté ja-
dis engagez , les Acquereurs & tenan-
ciers en ont tous à dessein negligé la conseruation pour en tirer aduantage : Ce
qui seroit arriué tant de ce que le Bureau
de la Generalité de Roüen estant com-
posé d'vn trop grand nombre d'Elections esloignées de ladite ville, les officiers dudit Bureau ne peuuent vaquer à
la conseruation desdits Domaines , Recherche & amenagement de nos droicts
aussi soigneusement que le bien de nos
affaires , & le deuoir de leurs charges le
requiert. Et qu'aussi que la iurisdiction
contentieuse desdits Domaines ayant
esté iadis commises à nos Vicomtes , &
autres Iuges subalternes du pays qui des-
pendent du pouuoir des Engagistes , à
cause que lesdits Offices sont à leur no-
mination, ausquels lesdits Iuges n'oze-
roient pour ce subject contredire ny empescher vertueusement leur vsurpation;

Qui est la principale cause que nosdits Domaines droicts & reuenus diminuent iournellement, & en fin se dissiperoient à traict de temps par la foiblesse desdits Iuges s'il n'y estoit pourueu par vn remede puissant : Et si la cognoissance & iurisdiction desdits Domaines n'estoit attribuée à personnes plus auctorizées, ne nous ayant esté proposé aucun moyen plus seur pour y remedier que celuy de l'establissement dudit Bureau , & de la creation des Officiers d'iceluy, auec pareils pouuoir & attribution de la iurisdiction contentieuse de nostre Domaine , parts & portions d'iceluy , & celles de la Voirie , circonstances & despendances ; Tout ainsi que par nostre Edict du mois d'Auril mil six cens vingt sept nous l'aurions attribuée aux Officiers des autres Generalitez de ce Royaume, desquelles les charges ont tousiours esté estimées estre necessaires pour l uation de nos droicts : Auſſi ſont elles d'autant plus conſiderables qu'elles ſont du corps des Compagnies ſouueraines, Chambre des Comptes , & Cours des Aydes, eſquelles ils ont entrée, ſceance & voix deliberatiue. Et recognoiſſant en outre que dudit Eſtabliſſement il nous peut reuenir vne grande & notable ſomme de deniers pour nous ſecourir dans l'occaſion vrgente de nos affaires. Sç A-VOIR FAISONS, Qu'apres auoir mis ceſte affaire en deliberation en noſtre Conſeil où eſtoient aucuns Princes , & autres notables Perſonnages de noſtredit Conſeil, DE l'Aduis d'iceluy , & de noſtre certaine ſcience, plaine puiſſance & auctorité royalle , AVONS par noſtre preſent Edict perpetuel & irreuocable, Creé & eſtably, Creons & eſtabliſſons en noſtredite Ville d'Alançon, vne Generalité & Bureau de Recepte generale de nos Finances , Et pour iceluy

compoſer

composer les Offices cy apres declarez:
ASSAVOIR, Deux nos Conseillers,
Premier & Second Presidens, Tresoriers de France & generaux de nos Finances ; Seize nos Conseillers Tresoriers de France & Generaux desdites
Finances ; Vn nostre Conseiller Tresorier de France General de nos Finances Garde Scel; Vn nostre Conseiller
Aduocat ; Vn nostre Conseiller Procureur pour nous audit Bureau ; Trois
nos Conseillers & Receueurs generaux
de nos Finances, Antien, Alternatif &
Triannal; & Trois nos Conseillers &
Controlleurs generaux desdites Finances; Trois nos Conseillers Receueurs
generaux du Taillon ; Trois nos Conseillers & Controlleurs generaux dudit
Taillon ; Trois nos Conseillers Receueurs & Payeurs des gages & Espices
des Officiers dudit Bureau; Trois Greffiers , & Trois Maistres Clercs dudit

Bureau defdites Finances ; Vn Greffier
& vn M⁰ Clerc du Domaine, & Voirie
pour l'ordinaire des caufes d'Audian-
ce & Procez par efcrit; Six Procureurs
Poftullans; Vn Premier Huiflier Concierge garde meubles , & Sept autres
Huifliers dudit Bureau & Domaine, &
vn Beuuerier: Lefquels Offices de Receueurs generaux du Taillon , Controlleurs generaux des Finances, & dudit Taillon, Receueurs & Payeurs defdits gages & Efpices , Procureurs &
Huifliers , nous auons faict & faifons
hereditaires, fans qu'ils puiffent eftre
declarez Domaniaux, rembourcez, ny
fujects à aucunes Reuentes. Comme
pareillement faifons hereditaires &
Domaniaux lefdits Greffiers & Maiftres Clercs tout ainfi que ceux des autres Generalitez , fans qu'ils puiffent
eftre reuendus de dix ans , Pour y eftre
par nous prefentement, & cy apres

pourueu de personnes capables , graduez & non graduez, à toute mutation;
Mesmes ausdits Offices Casuels vaca-
tion aduenant par mort, forfaicture, re-
signation , ou autrement ; A tous lesquels Offices nous auons attribué
& attribuons les mesmes honneurs,
auctoritez , cognoissance & iurisdiction , prerogatiues , rang , seeance,
priuileges , exemptions , franchises,
libertez & fonctions, profits, reuenus,
& esmolumens que ceux dontiouïssent
les Officiers de pareille qualité des Generalitez de Rouen & Caen ; & autres
Generalitez de ce Royaume , & tels
qu'ils leur sont attribuez par plusieurs
nos Edicts & Declarations , speciale-
ment audit Tresorier Garde Scel par
nostre Edict du mois de May mil six
cens trente trois ; duquel coppie collationnée est cy attachée souz le contre
scel de nostre Chancellerie , sans aucu-

ne difference ny exception ; encores
que le tout ne ſoit particulierement cy
declaré. Auquel Bureau & Generalité
reſſortiront les Elections d'Alançon,
Argentan, Drompfront, Mortagne,
Verneuil, Bernay, Conches, Lizieux
& Fallaize; Leſquelles Elections auons
par le preſent Edict deſvnies & deſ-
membrées deſdites Generalitez de
Roüen & Caen; Et icelles dés à preſent
à touſiours vnies & incorporées à celle
d'Alançon, où ſera choiſy vne Maiſon
ou Place pour baſtir vn Bureau, Chambre du Domaine, Archiues & logemens
neceſſaires ; Pour les fraiz duquel ba-
ſtiment nous ferons fournir & ordonner les deniers qu'il conuiendra. Auquel lieu d'Alançon les Treſoriers de
noſtre Domaine , Receueurs de nos
Tailles , Taillou , Aydes, Gabelles,
& autres deſdites Elections qui en feront la leuée , & qui auoient accouſtu-

mé de payer aux Receptes generalles
de Rouen & Caen, Apporteront les
deniers de leur maniement és mains
defdits Receueurs generaux chacun
en l'année de leur exercice ; Ce que
leur enjoignons de faire : Sans que les
Treforiers generaux de France defdites Generalitez de Roüen & Caen
puiffent plus ordonner & difpofer de
nofdites Finances, Domaine & Voirie ; & autres chofes defpendantes dudit reffort, ny aucunement s'en entre-
mettre, A peine de nullité, caffation
de procedures , & de tous defpens,
dommages & interefts en leurs pro-
pres & priuez noms. Et á cefte fin faifons tres expreffes inhibitions & deffences à nos Sujects defdites Elections
de les recognoiftre. Lefdits Receueurs
generaux des Finances & du Taillon
créez par le prefent Edict, Pourront
rembourcer fi bon leur femble à pro-

portion du maniement qu'ils feront
la finance que ceux deſdites Generalitez de Rouen & Caen ont payée pour
iouyr des Taxa ions à eux attribuées;
Et en ce faiſant iouyr en leur lieu &
place deſdites Taxations , & eſtre
exempts de bailler caution des deniers
de leurs charges. Et en cas qu'ils faſſent ledit rembourcement , voulons
qu'en rapportant ſeulement coppie
collationnée des quittances de finance payée par leſdits Receueurs generaux des finances & du Taillon de
Rouen & Caen endoſſée dudit rembourcement, ils ſoient pareillement
deſchargez de bailler caution & certi-
ficateur; Auſquels Offices ſera doreſ-
nauant faiɛt fonds par chacun an de la
ſomme qu'il conuiendra pour les Eſpices , façon & redition de leurs comptes. Et pour donner moyen auſdits officiers créez par le preſent Ediɛt de

pouuoir s'entretenir en exerceant leurs charges, Nous leur auons attribué & attribuons les gages qui ensuiuent: Assavoir à chacun des deux Presidens, & Seize Tresoriers de France & generaux de nos Finances Trois mil trente sept liures dix sols de gages, droicts d'entrée de presence & de busche. Audit Tresorier garde scel trois mil trente sept liures dix sols de gages, droicts de presence & de busche, & en outre le droict de vingt sols pour mil liures attribué ausdits Offices par l'Edict de leur creation. A nostre Aduocat & à nostre Procureur deux mil deux cens cinquante liures de gages, droicts de presence & de busche chacun; sans que lesdits droicts de presence & de busche puissent estre diminuez ausdits officiers, ou à aucun d'eux par absence ny autrement pour quelque cause que ce soit. A chacun desdits

Receueurs generaux de nos Finances,
Antien, Alternatif & Triannal deux
mil cinq cens liures de gages. A chacun defdits trois Controlleurs generaux des Finances cinq cens liures. A
chacun des Receueurs du Taillon mil
liures: A chacun des Controlleurs generaux dudit Taillon trois cens liures.
A chacun des Receueurs payeurs des
gages & efpices trois cens liures. A
chacun defdits Greffiers dudit Bureau
des Finances fept cens liures. A chacun Maiftre Clerc defdits Greffes deux
cens liures. Au Greffier de la Iurifdi-
ction contentieufe du Domaine & Voirie deux cens liures. A chacun des Six
Procureurs dudit Bureau & Chambre
du Domaine foixante liures. Au premier Huiffier Concierge & Garde
Meuble deux cens liures. A chacun
des fept autres Huiffiers foixante &
quatorze liures: De tous lefquels gages,

ges, droicts de presence & de busche, montans ensemble à la somme de Soixante dix neuf mil neuf cens quatre vingts sept liures dix sols, Sera faict & laissé fonds par chacun an dans nos Estats de ladite recepte generale, qui sera deliuré de quartier en quartier és mains dudit Payeur en exercice, & par luy payé à chacun desdits Officiers sur leurs simples quittances, aussi en la mesme forme & maniere sans aucune dificulté. IOVYRONT en outre nosdits Presidens, Tresoriers generaux Garde scel, Aduocat & Procureur du Roy de pareils droicts d'Espices pour l'assiette & imposition de nos Tailles & Creuës ordinaires & extraordinaires, & Lettres d'assiette pour la verification des estats au vray de tous les comptables de ladite Generalité, & de tous autres qui concerneront nostre seruice, ou les affaires des Particuliers, que ceux

que nous auons attribuez aux Officiers
des autres Bureaux de ce Royaume ; &
notamment par noſtre Edict du mois
de May mil ſix cens trente cinq : Meſmes noſdits Greffiers des droicts & eſ-
molumens portez par le Reglement
par nous faict le ſixieſme Octobre mil
ſix cens trente vn. A v r o n t leſdits
Preſidens & Treſoriers generaux de
France l'entiere direction de l'impoſi-
tion & leuée de nos Aydes, Tailles,
Gabelles, Octroys, & deniers com-
muns des Villes & Communautez, verification des Eſtats de noſdits deniers,
& de ceux de nos Baux generaux des
Gabelles des cinq groſſes Fermes, &
autres qui s'adiugent en noſtre Conſeil. Procederont à la reception des
Officiers de Finance, expedition des
Attaches ſur lettres de Prouiſion d'offices & nommination de Chappelle,
Regiſtrement de quittances de Finan-

ce , & contracts d'engagement d'Offices , & droicts Domaniaux & hereditaires ; Attribution, Augmentation de
gages & droicts; Lettres de Dons, Pen-
sions, Lots, ventes & treiziesmes; Bien-
faicts, Recompences, Aubeines, Con-
fiscations, Desherance, & autres de pareille nature : Lettres de confirmation
d'Auis , d'Affranchissemens , d'Exemptions, remises & descharges des tailles & prix de Fermes: Lettres de Commissions , Admortissemens , verification des Estats des comptables: mesmes
des fraiz des Estapes & passage des
gens de guerre: Baux des terres, droicts
& reuenus de nos Domaines ; Des
octrois des Villes, Baux aux rabais des
reparations necessaires aux Maisons &
Bastimens royaux ; Fours & Moulins
Bannaux , & autres despendances de
nostre Domaine ; Ouurages publics,
Ponts, Pauez, Chaussées, reparations

des chemins, Guais, Tallus, reparation
desdits ouurages, & autres droits quelconques sans exception , dont iouys-
sent les autres officiers de pareille qualité ; Et auront en outre l'execution de
nos Edicts , & Commissions ordinaires & extraordinaires qui leur seront par nous addressées. Et pour cet
effect toutes nos Commissions qui seront doresnauant expediées en ladite
Generalité, tant pour la vente & ra-
chapt de nostre Domaine , Regalle-
ment de nos Tailles , Recherche &
establissement de nos droicts ; & gene-
ralement toutes autres Commissions extraordinaires pour quelque
cause que ce soit leur seront addressées,
pour estre par eux executées priuati-
uement à tous autres Officiers , nonobstant oppositions , ou appellations
quelconques ; sans qu'aucuns de nos
autres Officiers, Gouuerneurs des Pro-

uinces, n'y autres en puiſſent cognoi-
ſtre, n'y d'aucunes de leurs Ordonnances pour le faict & direction de nos Finances ; Deffendant aux parties de ſe
pouruoir ſur icelles ailleurs qu'en noſtre Conſeil, à peine de mil liures d'a-
mande, & de tous deſpens, dommages
& intereſts. Les Preſidens, Treſoriers
generaux de France, & Treſorier de
France Garde ſcel qui feront leurs vi-
ſites & cheuauchées dedans les Elections, pourront ſi bon leur ſemble
preſider à l'aſſiette des deniers de nos
Tailles en chacune Election; & à ceſte
fin aſſigner aux Eleuz le iour qu'ils y
trauailleront pour y faire garder vne
plus iuſte egalité ; Empeſcher qu'il ne
ſoit impoſé ſur nos Sujets plus gran-
des ſommes que celles qui ſeront contenues dans nos commiſſions, & qu'il
n'y arriue aucunes non valleurs. V o v-
ꝶ o n s en outre qu'ils iouyſſent de-

dans ladite Generalité de la iurifdi-
ction contentieuſe dudit Domaine,
droicts, rentes & reuenus d'iceluy ; Et
ce faiſant qu'ils puiſſent iuger en l'e-
ſtendue de ladite Generalité diſiniti-
uement & en dernier reſſort iuſques à
deux cens cinquante liures, & au deſ-
ſouz pour vne fois payer ; & iuſques à
dix liures de rente en fonds, & le dou-
ble deſdites ſommes par prouiſion, &
qu'ils ayent à paſſer outre à l'inſtru-
ction & iugement diſinitif d'icelles,
nonobſtant oppoſitions, ou appellations quelconques, & ſans preiudice
d'icelles pour les ſommes cy deſſus,
dont les appellations ſeront releuées
nüement en noſtre Cour de Parlement
de Roüen, conformément à noſtre
Edict du mois d'Auril mil ſix cens
vingt ſept : ſuiuant lequel ils regleront
les Audiances, & procederont au iugement des cauſes qui ſeront traictées

pardeuant eux. Comme aussi noûs voulons que ladite iurisdiction de ladite Voirie soit par eux exercée en tous les lieux de leur estendue & Generalité tout ainsi qu'elle est à present en nostre ville Preuosté, & Vicomté de Paris, & estendue de ladite Generalité, tant pour la grande que petite Voirie; En toutes lesquelles Villes & lieux ils pourront si bon leur semble commettre personne capable pour auoir l'œil à ce que ladite Voirie soit inuiolablement obseruée. Lesdits Presidens recueilleront les voix desdits Tresoriers de France sur toutes les affaires qui se traicteront audit Bureau, tant aux Audiances du Domaine, Chambre du Conseil de la iurisdiction contentieuse d'iceluy, & de la Voirie, que pour le faict de nos Finances ordinaires & extraordinaires; Lesdits Presidens, & Tresoriers generaux exerceront leurs char-

ges collegialement ; mesmes nos Ad-
uocats & Procureurs : Au moyen de
quoy les espices , taxations & vacca-
tions : mesmes ceux des Commissions
extraordinaires (les fraiz de l'execution d'icelles preallablement desduits)
seront communes & partagées ; Assa-
uoir celles desdits Presidens & Tresoriers entr'eux , & celles de nostredit
Aduocat & Procureur esgallement
entre eux deux. Auront nostredit Aduocat & Procureur communication
de tous lesdits Edicts, Declarations, &
Commissions tant ordinaires qu'extraordinaires qui seront addressées ausdits Presidens & Tresoriers generaux
de France, tant pour l'imposition & le-
uées de toutes sortes de deniers , que
pour la distribution d'iceux : Comme
aussi de toutes Lettres de Prouision
d'Officiers , Requestes pour payement des gages, Baux à ferme, Acquits

patents de l'Eſpargne de l'ordinaire &
extraordinaire des guerres ; & genera-
lement de toutes autres affaires qui ſe
preſenteront audit Bureau pour y
prendre & donner leurs concluſions.
Pourront prendre au Greffe tous comptes, Eſtats, Papiers, Titres & enſei-
gnemens que bon leur ſemblera pour
les voir & s'en ſeruir pour le bien de
nos affaires. Auront l'œil à ce que nos
Receueurs & comptables faſſent verifier leurs Eſtats dans le temps porté
par nos Ordonnances ; Et où ils ſe-
roient en demeure, Nous voulons
qu'ils y ſoient contraincts ; enſemble
aux payemens des debets de leurs
Eſtats de finance, à la diligence de
noſdits Aduocat & Procureur : Aſſi-
ſteront auec leſdits Preſidens & Treſoriers generaux de France, tant à l'Au-
diance, qu'à la Chambre du Conſeil,
& à toutes Deſcentes, Deuis d'Ouura-

ges publics ; Baux au rabais qui en feront faicts à leurs requeſtes & diligen-
ces ; Receptions deſdits ouurages , &
autres affaires deſdits Bureaux eſquels
ils auront entrée & ſceance auec leſdits
Preſidens & Treſoriers generaux de
France pour y prendre leurs concluſions ſur toutes leſdites affaires , ou
dans leur Parquet ainſi que bon leur
ſemblera ; Pour leſquelles concluſions ils prendront le ſixieſme de ce
que leſdits Preſidens & Treſoriers generaux de France prendront pour leurs
eſpices & droicts outre & par deſſus
leſdites eſpices : Lequel ſixieſme ſera
pareillement receu par le Receueur
des eſpices dudit Bureau, & partagé entre noſdits Aduocat & Procureur éga-
lement , ſuiuant nos Edicts des mois
d'Auril mil ſix cens vingt ſept, & May
mil ſix cens trente cinq ; & en confir-
mant tous les precedens Edicts de crea-

tion & establissement desdites charges,
Nous voulons que lesdits Presidens &
Tresoriers generaux de France, Tre-
forier de France Garde scel, Nos Aduocat & Procureur, Receueurs & Controlleurs generaux des Finances, & du
Taillon, Receueur des gages & espices, Greffiers & Maistres Clercs des finances & du Domaine & Voirie presentement créez, soient maintenus &
conseruez en toutes les dignitez, honneurs, pouuoirs, auctoritez, exemptions, fonctions & priuileges de leurs
charges : Mesmes que lesdits Presidens, Tresoriers generaux de France,
& Garde scel, Aduocat & Procureur
pour nous, conformément auz Edicts
des années mil cinq cens cinquante
deux, mil cinq cens quatre vingt six, &
mil six cens trente trois, & autres, soient
tenus & reputez comme ils ont tous-
jours esté du corps des Compagnies

souueraines , Chambre de nos Comptes , & Cour des Aydes ; Sans qu'ils en puiſſent eſtre ſeparez , ny ſujets à aucunes taxes non plus que les autres Officiers deſdites Cours ; Auſquelles leſdits Preſidens , Treſoriers generaux de France , & Garde ſcel auront entrée, ſceance & voix deliberatiue ; Et iouyront du droict de Committimus du grand Sceau , Franc ſalé ; & tous autres priuileges dont iouyſſent les Officiers deſdites Cours ſouueraines, Nos Secretaires & Commançaux ; Meſmes leſdits Receueurs generaux des Finances du meſme rang & ſceance en l'Aſſemblée des Eſtats de ladite Prouince , & par tout ailleurs que les Receueurs generaux des Finances de Roüen & Caën, auec tel & ſemblable droict d'aſſiſtance ; Leſquels pourront donner leurs contrainctes contre les Receueurs des Tailles , & autres deſpendans de leurs

charges , qui feront executées fur leurs
fimples efcroües , fans qu'ils foient tenus de les faire verifier audit Bureau.
Comme auffi nous voulons & enten-
dons que tous les Officiers prefentement creez iouyffent de toutes exemptions de Tailles , Aydes , Gabelles,
Subcides, Subuentions , Emprunts de
Villes , Fortifications d'icelles , Tutel-
le & curatelle en quelque lieu du reffort de ladite Generalité où ils faffent
leur demeure; Et que lefdits Prefidens
Treforiers generaux de France, Garde,
fcel, Aduocat & Procureur pour nous,
Precedent en toutes Affemblées pu-
bliques & particulieres nos Baillifs &
corps de Prefidiaux ; Lefdits Greffiers,
Maiftres Clercs pourront commettre à
l'exercice defdits Greffes & Places de
Clercs perfonnes capables , qui feront
receuz par lefdits Officiers, & dont lefdits proprietaires demeureront ciuile-

ment responsables ; Les Procureurs
creez par le present Edict pourront faire & presenter les Estats des comptables, Postuller audit Bureau en ladite
Chambre du Domaine & Voirie priua-
tiuement aux Procureurs du Presidial,
Baillage, Vicomté, & autres Sieges de
ladite Ville d'Alançon ; Ausquels Procureurs nous auons deffendu de s'y im-
miscer, à peine de faux, & interdiction
de leurs charges ; & ausdits Presidens &
Tresoriers generaux de France , nos
Aduocat & Procureur de les y admet-
tre.   Et à fin de donner ausdits Procureurs presentement créez plus de moyen de s'employer , nous leur auons
permis & permettons de postuler és
Iurisdictions du Presidial , Baillage,
Vicomté, & autres de ladite Ville tout
ainsi & auec mesme pouuoir que po-
stullent les anciens Procureurs qui y
ont esté cy deuant pourueuz ; Sans

que lesdits Procureurs du Bureau &
Domaine soient tenus de prester autre
serment que celuy qu'ils auront presté
audit Bureau . Et quant aux Huissiers
dudit Bureau & Domaine ils exploi-
cteront pour les affaires d'iceluy pri-
uatiuement à tous autres ; Et en outre
par tout nostre Royaume tous iuge-
mens & autres actes de Iustice de quel-
ques Iuges qu'ils soient emanez; & ge-
neralement feront tous autres exploits
à l'instar des Huissiers de nostre Cha-
stellet de Paris Et à fin que les Ordonnances dudit Bureau puissent estre executées plus aisément & auec moindres
fraiz dedans le ressort de ladite Generalité, nous auons permis à quatre desdits Huissiers de demeurer hors de ladite ville d'Alançon en tel lieu d'icelle
Generalité que bon leur semblera.
Ceux qui seront pourueuz desdits Offices de Presidens & Tresoriers generaux

de France, Garde Scel, nos Aduocat &
Procureur seront installez & receuz
audit Bureau, encores qu'ils eussent des
parans ou alliez en iceux en degré pro-
hibé par nos Ordonnances, dont nous
les auons dispencez & dispensons par
ces presentes ; A la charge toutesfois
que les voix de deux parans se rencon-
trans vniformes ne sont comptées que
pour vne. Io v y r o n t pareillement
lesdits Presidens & Tresoriers generaux de France, Garde scel, nos Aduocat & Procureur, Receueurs generaux
de nos Finances & du Taillon de la dis-
pence des quarante iours pour le temps
qui reste à expirer des neuf années portées par nostre Declaration concernant
le Droict annuel, sans payer aucun
prest n'y auance, quart ou sixiesme de-
nier de l'eualuation de leurs Offices,
n'y droict Annuel; Apres lequel temps
ledit Droict annuel venant à estre con-
tinué

tinuë, ils y feront receuz en payant les
mefmes fommes que celles cy deuant
payées pour le Droict Annuel des Prefidens & Treforiers generaux de France , & autres Officiers du Bureau de
Caëen ; & nos Aduocat & Procureur
auffi pareille fomme que ceux eftablis
és autres Bureaux de ce Royaume; fans
que lefdites Taxes & Eualuations defdits Offices puiffent eftre augmentées
cy apres pour quelque caufe que ce
foit; n'y qu'ils puiffent eftre contraints
à faire aucun Preft n'y Auance, ains y
feront receuz en payant l'Annuel feu-
lement. Et pour ce auffi qu'à caufe du
grand nombre d'Offices de nouuelle
creation qui refte à debiter , & de di-
uerfes attributions & conftitutions de
rente que nous auons ordonnées depuis
peu , il y aura de la dificulté de trouuer
des perfonnes pour fe faire pouruoir
defdits Offices , Nous permettons à

tous ceux de nos ſujets qui nous vou-
dront ſecourir des ſommes portées par
les quittances de nos Parties Caſuelles
qui s'expedieront pour leſdits Offices,
De iouyr des gages & droiꞔts d'entrée
de preſence & de buſche attribuez auſdits Offices ; enſemble des vingt ſols
pour mil liures audit Office de Treſorier de France GardeScel, en vertu
des Lettres de prouiſion deſdits Offices expediées les noms en blanc, dont
ils ſeront porteurs, durant la preſente
annee, & les deux ſuiuantes ; A ceſte
fin les Receueurs & payeurs qui ſeront
chargez de recouurer & receuoir le
fonds deſdits gages & droiꞔts, Seront
tenus d'en faire le payement auſdits
porteurs deſdites Prouiſions, en leur
faiſant apparoir d'icelles, & ſur leurs
ſimples quittances ; que nous voulons
eſtre paſſez & alloüez en la deſpence
de leurs Eſtats & Comptes, ſans aucu-

ne dificulté ; Nonobstant tous Edicts, Reglemens, Ordonnances, Vsts, Stils, Rigueurs de Comptes , & Lettres au contraires, Ausquelles auons desrogé & desrogeons par ces presentes. SI DONNONS EN Mandement A nos amez & feaux Conseillers les gens tenans nostre Cour de Parlement de Roüen, Chambre des Comptes, & Cour des Aydes dudit lieu , Que nostre present Edict ils fassent lire , publier, registrer, & le contenu en iceluy inuiolablement garder & obseruer, sans permettre qu'il y soit contreuenu en aucune maniere, Nonobstant oppositions , ou appellations quelconques, pour lesquelles, & sans preiudice d'icelles ne voulons estre diferé ; Et si aucunes interuiennent nous en auons retenu & reserué , retenons & reseruons la cognoissance à nous & à nostre Conseil; & icelle interdite à toutes autres Cours,

Iuges & Officiers quelconques ; Nonobſtant auſſi tous Ediĉts, Ordonnances
& Reglemens, Arreſts, Deffences, priuileges, & autres Lettres contraires, ou
donnez en conſequence; Auſquelles &
aux deſrogatoires y contenues nous
auons deſrogé & deſrogeons par ceſdi-
tes preſentes ; CAR tel eſt noſtre plai-
ſir. Et par ce que de ces preſentes on
pourra auoir affaire en pluſieurs & di-
uers lieux , Nous voulons qu'au vidi-
mus d'icelles, deüement collationnez
par vn de nos amez & feaux Conſeil-
lers & Secretaires , foy ſoit adiouſtée
comme au preſent original ; Auquel à
fin que ce ſoit choſe ferme & ſtable à
touſiours, Nous auons faiĉt mettre noſtre ſcel , ſauf en autres choſes noſtre
droiĉt, & l'autruy en toutes. DONNE'
à Verſailles au mois de May , l'an
de grace mil ſix cens trente ſix ; Et de
n oſtre regne le Vingt ſeptieſme.

Signé, LOVYS.

Et à costé *Visa.*

Et plus bas, Par le Roy,

PHLLIPPEAVX.

Et scellé du grand sceau de cire verte, sur lacqs de soye rouge & verte.

Et plus bas est escrit :

REgistré és Registres de la Cour, Ouy le Procureur general du Roy, Pour estre executé suiuant l'Arrest donné, les Chambres assemblées, A Roüen en Parlement le quatorziesme iour

de Mars mil six cens trente
sept, signé Vaignon.

LEu, publié & registré és
Registres de la Chambre
des Comptes de Normandie
du tres exprés commande-
ment du Roy, tant de bou-
che que par escrit; Ouy & ce
consentant le Procureur general de sa Majesté , Pour
auoir lieu , & estre executé
suiuant l'Arrest de ce iour,
les deux semestres assem-
blez, A Roüen le dixhuities-
me Mars mil six cens trente
sept, signé De Cantel.

Registré és Registres de la Cour des Aydes en Normandie, Ce requerant le Procureur general du Roy, suiuant l'Arrest de ce iourd'huy seiziesme Mars mil six cens trente sept. Signé, De Lestoille.

Collationné aux originaux par moy Conseiller, Secretaire du Roy, & de ses finances.